캘리그라피, 말씀으로 물들다

청현재이 캘리그라피 묵상집

캘리그라피, 말씀으로 물들다

청현재이 캘리그라피 묵상집

임동규 지음

도서출판 섬김과나눔

차례

살아있는 말씀으로 세상을 물들이는 하나님의 사명자를 꿈꾸며

성경이 하나님의 말씀이라는 것은 하나님을 믿지 않는 사람들도 알고 있는 사실입니다. 또한 그리스도인들은 성경이 살아계신 하나님의 살아있는 말씀이라는 사실을 잘 알고 있습니다.

> "하나님의 말씀은 살아 있고 활력이 있어 좌우에 날선 어떤 검보다도 예리하여 혼과 영과 및 관절과 골수를 찔러 쪼개기까지 하며 또 마음의 생각과 뜻을 판단하나니(히4:12)"

말씀에서 보듯이 하나님의 말씀은 분명 살아있기 때문에 활력을 갖고 삶을 움직이는 힘을 갖고 있는데, 우리 일상을 살펴보면 삶에 그리 큰 영향을 주지 못하고 마치 생명을 잃어버린 것 같은 경우를 종종 경험하고 낙심하게 됩니다. 그러나 말씀은 연약한 인간이 아닌 완전하신 하나님께로부터 온 것이므로 우리의 현실만 보고 낙심할 수만은 없습니다. 하나님께서 우리에게 보내신 성령님으로 말미암아 간절히 기도하고, 말씀을 보면서 우리는 진정으로 말씀이 삶에 체험되어지는 은혜의 순간을 경험할 수 있습니다. 그렇게 저 또한 살아있는 말씀을 삶에서 만났고, 제 삶에서 말씀이 진정으로 체험 된 때의 감격은 아직도 잊을 수가 없습니다. 예수님을 영접하고 난 후, 지난 세월동안 그리스도인으로서 하나님의 말씀을 마음에 품고 기독교 문화 사업을 진행해왔습니다. 하나님께서 주신 캘리그라피스트로서의 재능을 통해 '청현재이' 라는 이름으로 작품 활동을 하며 그 작품을 많은 분들과 은혜로 나누기 위한 방법으로 기독교용품을 만들어 제공하던 중, '내가 경험한 살아있는 말씀의 은혜를 그리스도인뿐만 아니라 아직 예수님을 만나지 못한 사람들에게도 전해야겠다' 는 영적 도전이 있었습니다. 그리고 그 도전은 감사하게도 더욱 다양한 제품과 교회에서의 특강, 정기적인 강습을 통해서 많은 분들과 함께 나누는 귀한 계기를 만들었고, 강습을 통한 수강자들이 각자의 섬기는 교회에서 사역으로 봉사하며, 캘리그라피로 표현된 말씀의 은혜를 성도들과 직접 나눌 수 있게 되었습니다.

"... 성경은 능히 너로 하여금 그리스도 예수 안에 있는 믿음으로 말미암아
구원에 이르는 지혜가 있게 하느니라 (딤후3:15)"

일상에서 쉽게 볼 수 있는 캘리그라피에 대해 사람들의 관심이 많아진 요즘, 하나님을 전하는 다양한 도구 중에 '청현재이 캘리그라피' 라는 이름이 있음을 감사합니다. '청현재이 캘리그라피' 를 통해 살아있는 말씀을 함께 나누며, 우리 삶 가운데 생명이신 말씀의 능력이 경험되어지고, 감사로 고백되어지는, 또 예수님을 구주로 영접하는 크고 작은 일들이 많이 펼쳐졌으면 좋겠습니다.

이 책은 지난 시간, 그리고 지금까지도 저를 붙들어 주고 있는 귀한 말씀들을 5가지 테마로 나누어 구성한 묵상집입니다. 어둡고 험한 세상 속에서 살아있는 하나님의 말씀으로 세상을 점점 밝게 물들여가는 '하나님의 사명자' 라는 다부진 마음으로 기도하며 준비했습니다.

이 책이 출간되기까지 이끌어주신 저의 구원자 되신 가장 귀한 예수님과 기도와 수고로 함께 해 준 동역자분들께 감사드리며, 하나님의 말씀을 가까이 두고 묵상하길 원하는 그리스도인과 감성을 전달하는 캘리그라피를 통해 말씀을 접하게 되는 모든 이들에게 하나님을 전하는 귀한 도구, 「청현재이 캘리그라피 묵상집」이 되기를 기도합니다.

2012년 12월
캘리그라피스트 청현 임동규

하나님의 말씀은
살아있고 활력이 있어

좌우에 날선 어떤 검보다도 예리하여 혼과
영과 및 관절과 골수를 찔러 쪼개기까지 하며
또 마음의 생각과 뜻을 판단하나니

히브리서 4:12

우리 삶의 친숙한 멋글씨, 캘리그라피

서예와 밀접한 관계가 있는 캘리그라피(Calligraphy)는 그리스어 kalls(아름답다)와 graphy(필적)의 합성어로, '아름답게 쓰다'라는 어원적 의미가 있으며, 일반적으로는 '손으로 쓴 아름다운 육필서체', '무한한 표현 가능성을 가지는 글자체'라는 의미를 갖고 있습니다.

캘리그라피는 글자가 가지고 있는 가장 기본적인 기능인 소통의 역할뿐 아니라 글을 쓰는 사람의 정서와 감정을 글자에 담아 다양하게 표현함으로써 개성과 아날로그적 감성을 중요시 하는 요즘, 영화, 드라마 타이틀, 앨범 재킷 타이틀, 제품 패키지 로고 및 타이틀, 책 표지 등 문화산업 다방면에서 표현의 매개체로 활용되고 있습니다. 또한, 서체의 예술이라 불리는 한글 캘리그라피는 한류열풍으로 국내뿐만 아니라 세계 곳곳에서 한글의 아름다움을 다각적인 통로로 선보이고 있습니다.

최근 몇 년 전부터는 기독교계에서도 서적, 음반, 용품 등 다양한 분야에서 활발하게 사용되고 있으며, 글자로 쓰여 진 성경말씀에 캘리그라피가 접목되어 말씀을 더욱 주목케 하는 역할을 하고 있습니다. 이런 이유로 우리생활 전반에 걸쳐 자연스럽게 접할 수 있는 캘리그라피에 관심을 갖고 배우려는 크리스천이 늘어나고 있는 추세입니다. 어느덧 우리삶에 친숙한 멋글씨가 되어버린 캘리그라피는 삭막하고 건조함을 느낄 수 있는 요즘 문화 속에서 자연스러우면서도 따뜻한 개개인의 감성을 전해주고 있는 시대를 아우르는 감성디자인의 대표적인 예입니다.

▼카드에 적용된 캘리그라피

◀광고에 적용된 캘리그라피 (이규복作)

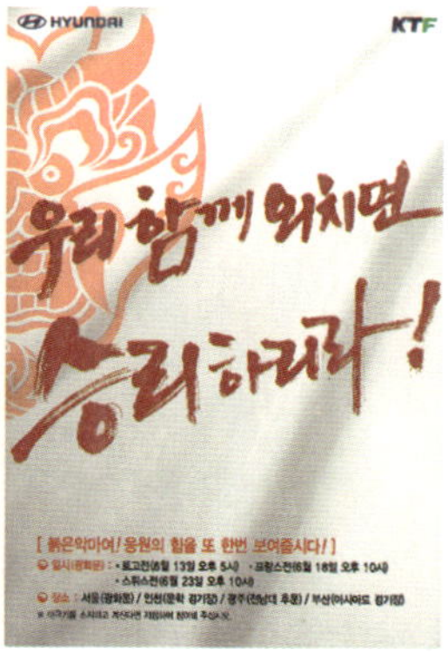

▼간판에 적용된 캘리그라피

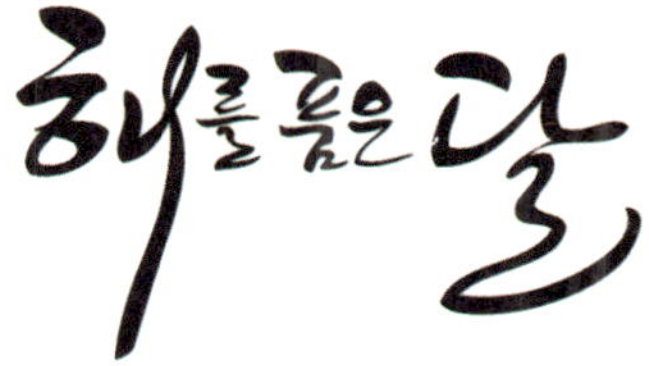

▲드라마 로고에 적용된 캘리그라피 (이상현作)

캘리그라피, 말씀으로 물들다

많은 사람들이 다양한 문화와 환경 속에서 살아가고 있습니다. 갖가지 컨텐츠들로 자신만의 개성과 감성을 살려가며 세상 속에서 각자가 추구하고자 하는 목소리를 내고 살아가고 있는 것이 요즘 사회 현실입니다. 크리스천 또한 하나님께서 각자에게 주신 다양한 달란트들을 통해 세상 속에서 사랑의 본질, 예수 그리스도를 전하며 살아가고 있습니다.

먼저, 살펴보았듯이 캘리그라피는 단순하게 읽히는 문자의 기본 기능뿐 아니라 보고 느끼는 감성적 기능이 중요하게 부각된 글씨입니다. 그런 까닭으로, 문자의 기능을 뛰어넘어 감성까지 전달할 수 있는 캘리그라피는 크리스천 사이에서 말씀의 은혜를 나누는 데에만 그치는 것이 아니라, 복음을 전하는 도구로서 다양하게 활용될 수 있는 특별한 장점이 있습니다.

하나님의 말씀인 성경은 하나님께 선택된 저자들에 의해 하나님의 감동으로 쓰여진 선물입니다. 이 선물은 문자로 기록되어 있으며, 그 말씀을 믿는 신실한 믿음을 근간으로 말씀을 읽고, 내용을 이해하는 묵상을 통해 각자에게 은혜롭게 받아들여집니다. 이런 과정 가운데 예술적으로 표현된 캘리그라피는 말씀을 읽음과 동시에 은혜를 느낄 수 있도록 돕는 중요한 매개체로 작용하게 됩니다.

이미, 캘리그라피는 주보, 헌금봉투, 액자, 도자기, 인테리어소품, 액세서리, 디자인 문구 등 크리스천 문화를 이루는 다양한 제품과 서적, 음반, 교회로고 등을 통해 기독교계 여러 분야에서 영향을 끼치고 있습니다. 이처럼 거룩한 하나님의 말씀을 한글 캘리그라피의 아름다움으로 표현한 작품을 통해, 일상에서 쉽게 접할 수 있는 감성적 글씨인 캘리그라피가 살아있고 활력이 있는 말씀의 은혜를 성도들의 삶 가운데에 풍성히 누릴 수 있도록 돕는 가교적 역할을 하고 있음을 점점 느끼게 될 것입니다. 말씀과 함께하는 삶을 기도하며 살아가는 많은 성도들에게 캘리그라피라는 도구가 하나님의 손에 붙들려 귀한 말씀의 은혜를 나눌 수 있는 계기를 제공하고, 함께 그 은혜를 경험할 수 있게 되기를 기도합니다.

▼성경 말씀이 담긴 캘리그라피 제품

소망중에 주를 바라라

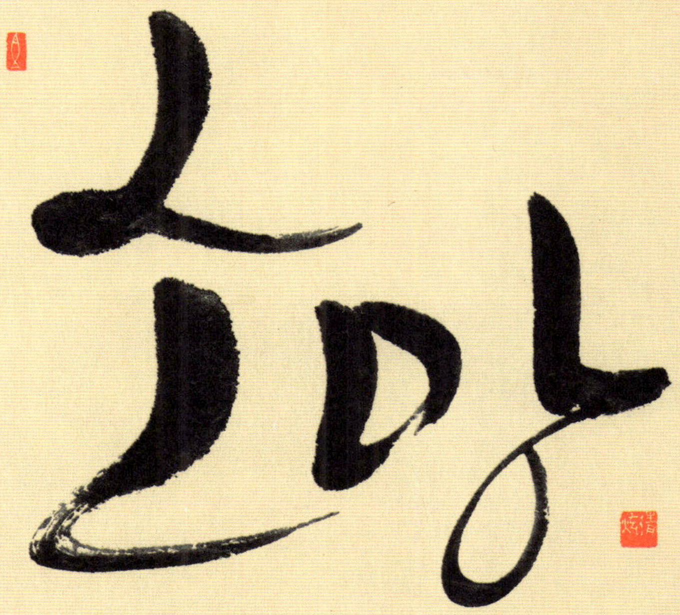
소망

또 모든 열방들아 주를 찬양하며 모든 백성들아 그를 찬송하라 하였으며
또 이사야가 이르되 이새의 뿌리 곧 열방을 다스리기 위하여
일어나시는 이가 있으리니 열방이 그에게 소망을 두리라 하였느니라
소망의 하나님이 모든 기쁨과 평강을 믿음 안에서 너희에게 충만하게 하사
성령의 능력으로 소망이 넘치게 하시기를 원하노라
내 형제들아 너희가 스스로 선함이 가득하고 모든 지식이 차서 능히
서로 권하는 자임을 나도 확신하노라 [로마서 15:11~14]

소망의
하나님이
모든
기쁨과
평강을
믿음 안에서
너희에게
충만하게
하사

로마서 15:13

너는 여호와를 기다릴지어다
강하고 담대하며
여호와를 기다릴지어다
시편 27:14

여호와여 주의 도를 내게 가르치시고 내 원수를
생각하셔서 평탄한 길로 나를 인도하소서 내 생명을
내 대적에게 맡기지 마소서 위증자와 악을 토하는 자가
일어나 나를 치려 함이니이다 내가 산 자들의 땅에서
여호와의 선하심을 보게 될 줄 확실히 믿었도다
너는 여호와를 기다릴지어다 강하고 담대하며
여호와를 기다릴지어다 [시편 27:11~14]

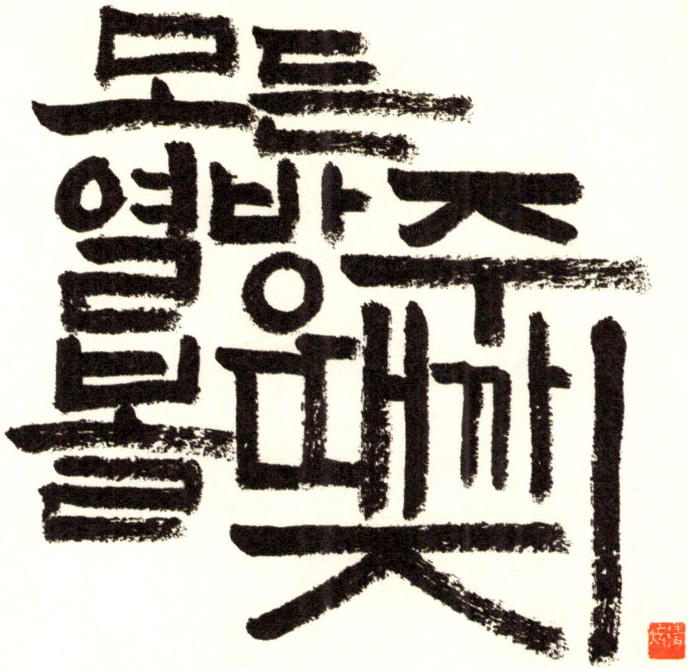
모든 열방 주 볼때까지

너희는 그를 죽은자 가운데서
살리시고 영광을 주신
하나님을 그리스도로 말미암아
믿는자니 너희 믿음과
소망이 하나님께 있게
하셨느니라 베드로전서 1:21

너희가 알거니와 너희 조상이 물려 준 헛된 행실에서
대속함을 받은 것은 은이나 금 같이 없어질 것으로
된 것이 아니요 오직 흠 없고 점 없는 어린 양 같은
그리스도의 보배로운 피로 된 것이니라
그는 창세 전부터 미리 알린 바 되신 이나 이 말세에
너희를 위하여 나타내신 바 되었으니
너희는 그를 죽은 자 가운데서 살리시고 영광을 주신
하나님을 그리스도로 말미암아 믿는 자니 너희
믿음과 소망이 하나님께 있게 하셨느니라
너희가 진리를 순종함으로 너희 영혼을 깨끗하게 하여
거짓이 없이 형제를 사랑하기에 이르렀으니 마음으로
뜨겁게 서로 사랑하라 [베드로전서 1:18~22]

주 여호와여 주는 나의 소망이시요 내가 어릴 때부터 신뢰한 이시라
내가 모태에서부터 주를 의지하였으며 나의 어머니의 배에서부터
주께서 나를 택하셨사오니 나는 항상 주를 찬송하리이다 나는 무리에게
이상한 징조 같이 되었사오나 주는 나의 견고한 피난처시오니 주를
찬송함과 주께 영광 돌림이 종일토록 내 입에 가득하리이다 [시편 71:5~8]

소망

주 여호와여 주는 나의 소망이시요
내가 어릴때부터 신뢰한 이시라

시편 71:5

너희의 믿음의 역사와 사랑의 수고와
소망의 인내를 우리 하나님 아버지 앞에서
사랑하심을 받은 형제들아 너희를

우리 주 예수 그리스도에 대한
끊임없이 기억함이니 하나님의
택하심을 아노라 — 데살로니가전서 1:3-4

세상의 빛

나는 세상의 빛이니 나를 따르는 자는
어둠에 다니지 아니하고
생명의 빛을 얻으리라 — 요한복음 8:12

나의 영혼아 잠잠히
오 하나님만 바라라
무릇 나의 소망이 그로부터
나오는도다

시편
62:5

나의 영혼아 잠잠히 하나님만 바라라 무릇 나의 소망이 그로부터 나오는도다
오직 그만이 나의 반석이시요 나의 구원이시요 나의 요새이시니
내가 흔들리지 아니하리로다 나의 구원과 영광이 하나님께 있음이여
내 힘의 반석과 피난처도 하나님께 있도다 백성들아 시시로 그를 의지하고
그의 앞에 마음을 토하라 하나님은 우리의 피난처시로다

[시편 62:5~8]

내 평생에 선하심과 인자하심이
반드시 나를 따르리니 내가
여호와의 집에 영원히 살리로다

시편23:6

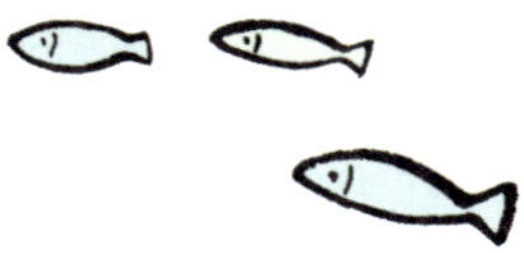

눈먼 영혼을 위한 참빛

내가 세상에 있는 동안에는
세상의 빛이로라 요한복음 9:5

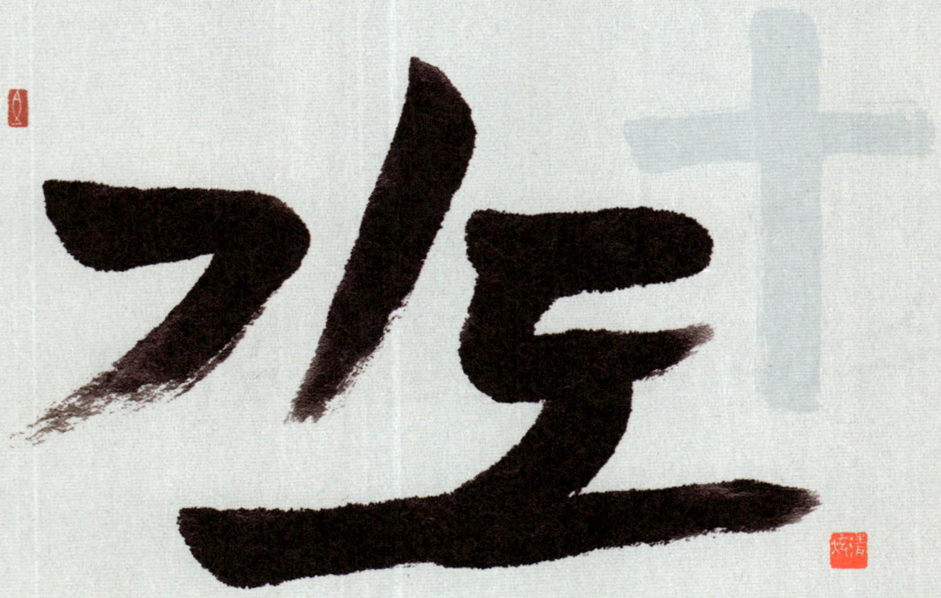
기도

성령안에서 모든 기도와 간구로

하나님께서 지으신 모든 것이 선하매
감사함으로 받으면 버릴 것이 없나니
하나님의 말씀과 기도로 거룩하여짐이라
네가 이것으로 형제를 깨우치면
그리스도 예수의 좋은 일꾼이 되어
믿음의 말씀과 네가 따르는 좋은
교훈으로 양육을 받으리라

[디모데전서 4:4~6]

하나님의 말씀과 기도로
거룩하여짐이라

디모데전서 4:5

그는 하나님께 기도하므로
하나님이 은혜를 베푸사
그로 말미암아 기뻐 외치며
하나님의 얼굴을 보게 하시고
사람에게 그의 공의를
회복시키시느니라

욥기 33:26

그런즉 그의 살이 청년보다 부드러워지며 젊음을 회복하리라
그는 하나님께 기도하므로 하나님이 은혜를 베푸사
그로 말미암아 기뻐 외치며 하나님의 얼굴을 보게 하시고
사람에게 그의 공의를 회복시키시느니라 [욥기 33:25~26]

내 형제들아 너희가 여러 가지 시험을 당하거든
온전히 기쁘게 여기라 이는 너희 믿음의 시련이
인내를 만들어 내는 줄 너희가 앎이라 인내를
온전히 이루라 이는 너희로 온전하고 구비하여
조금도 부족함이 없게 하려 함이라
너희 중에 누구든지 지혜가 부족하거든 모든
사람에게 후히 주시고 꾸짖지 아니하시는
하나님께 구하라 그리하면 주시리라 오직 믿음
으로 구하고 조금도 의심하지 말라
의심하는 자는 마치 바람에 밀려 요동하는
바다 물결 같으니 [야고보서 1:2~6]

너희 중에 누구든지
지혜가 부족하거든
모든 사람에게
후히 주시고 꾸짖지
아니하시는
하나님께 구하라
그리하면 주시리라
오직 믿음으로 구하고
조금도 의심하지 말라

야고보서 1:5-6

여호와께서는 자기에게 간구하는 모든 자 곧 진실하게 간구하는 모든 자에게 가까이 하시는도다

시편145:18

여호와께서는 그 모든 행위에 의로우시며
그 모든 일에 은혜로우시도다
여호와께서는 자기에게 간구하는 모든 자
곧 진실하게 간구하는 모든 자에게 가까이
하시는도다 그는 자기를 경외하는 자들의
소원을 이루시며 또 그들의 부르짖음을
들으사 구원하시리로다 [시편 145:17~19]

그런즉 서서 진리로 너희 허리 띠를 띠고 의의 호심경을 붙이고 평안의 복음이 준비한 것으로 신을 신고 모든 것 위에 믿음의 방패를 가지고 이로써 능히 악한 자의 모든 불화살을 소멸하고 구원의 투구와 성령의 검 곧 하나님의 말씀을 가지라 **모든 기도와 간구를 하되 항상 성령 안에서 기도하고 이를 위하여 깨어 구하기를 항상 힘쓰며 여러 성도를 위하여 구하라** [에베소서 6:14~18]

모든 기도와
간구를 하되
항상 성령 안에서
기도하고
이를 위하여 깨어 구하기를
항상 힘쓰며
여러 성도를 위하여
구하라
에베소서 6:18

그러므로 내가 너희에게 말하노니

무엇이든지 기도하고 구하는 것은 받은 줄로 믿으라
그리하면 너희에게 그대로 되리라
마가복음 11:24

기도를 계속하고 기도에 감사함으로 깨어 있으라 또한 우리를 위하여 기도하되 하나님이 전도할 문을 우리에게 열어 주사 그리스도의 비밀을 말하게 하시기를 구하라 내가 이 일 때문에 매임을 당하였노라 그리하면 내가 마땅히 할 말로써 이 비밀을 나타내리라 [골로새서 4:2~4]

기도를 계속하고
기도에 감사함으로
깨어 있으라
골로새서 4:2

여호와여 주의 말씀대로

주의 인자하심과 주의 구원을 내게 임하게 하소서

[시편 119:41]

사랑이여
임하소서

내가 여호와를
기다리고 기다렸더니
귀를 기울이사 나의
부르짖음을 들으셨도다

시편 40:1

내가 여호와를 기다리고 기다렸더니 귀를 기울이사 나의 부르짖음을 들으셨도다 나를 기가 막힐 웅덩이와 수렁에서 끌어올리시고 내 발을 반석 위에 두사 내 걸음을 견고하게 하셨도다 새 노래 곧 우리 하나님께 올릴 찬송을 내 입에 두셨으니 많은 사람이 보고 두려워하여 여호와를 의지하리로다 여호와를 의지하고 교만한 자와 거짓에 치우치는 자를 돌아보지 아니하는 자는 복이 있도다 [시편 40:1~4]

두드리라 그러면
열릴것이니

하나님이 기뻐하시는 것을 행함으로

행함

의에 주리고 목마른 자는 복이 있나니 그들이 배부를 것임이요
긍휼히 여기는 자는 복이 있나니 그들이 긍휼히 여김을 받을 것임이요
마음이 청결한 자는 복이 있나니 그들이 하나님을 볼 것임이요
화평하게 하는 자는 복이 있나니 그들이 하나님의 아들이라 일컬음을 받을 것임이요
의를 위하여 박해를 받은 자는 복이 있나니 천국이 그들의 것임이라

[마태복음 5:6~10]

마음이
청결한 자는
복이 있나니
그들이 하나님을
볼 것임이요

마태복음 5:8

수고하고 무거운 짐 진 자들아
다 내게로 오라 내가 너희를 쉬게 하리라
나는 마음이 온유하고 겸손하니
나의 멍에를 메고 내게 배우라
그리하면 너희 마음이 쉼을 얻으리니
이는 내 멍에는 쉽고
내 짐은 가벼움이라 하시니라

[마태복음 11:28~30]

나는 마음이 온유하고 겸손하니
나의 멍에를 메고 내게 배우라
그리하면 너희 마음이 쉼을 얻으리니
마태복음 11:29

악을 버리고
선을 행하며
화평을 찾아
따를지어다
시편 34:14

네 혀를 악에서 금하며 네 입술을
거짓말에서 금할지어다
악을 버리고 선을 행하며
화평을 찾아 따를지어다
여호와의 눈은 의인을 향하시고
그의 귀는 그들의 부르짖음에
기울이시는도다

[시편 34:13~15]

오래 참음

형제들아
주의 이름으로 말한
선지자들을 고난과
오래 참음의 본으로
삼으라 보라 인내하는 자를
우리가 복되다 하나니
너희가 욥의 인내를
들었고 주께서 주신 결말을
보았거니와 주는 가장
자비하시고 긍휼히
여기시는 이시니라

야고보서 5장 10·11절

사랑

희락

화평

오래참음

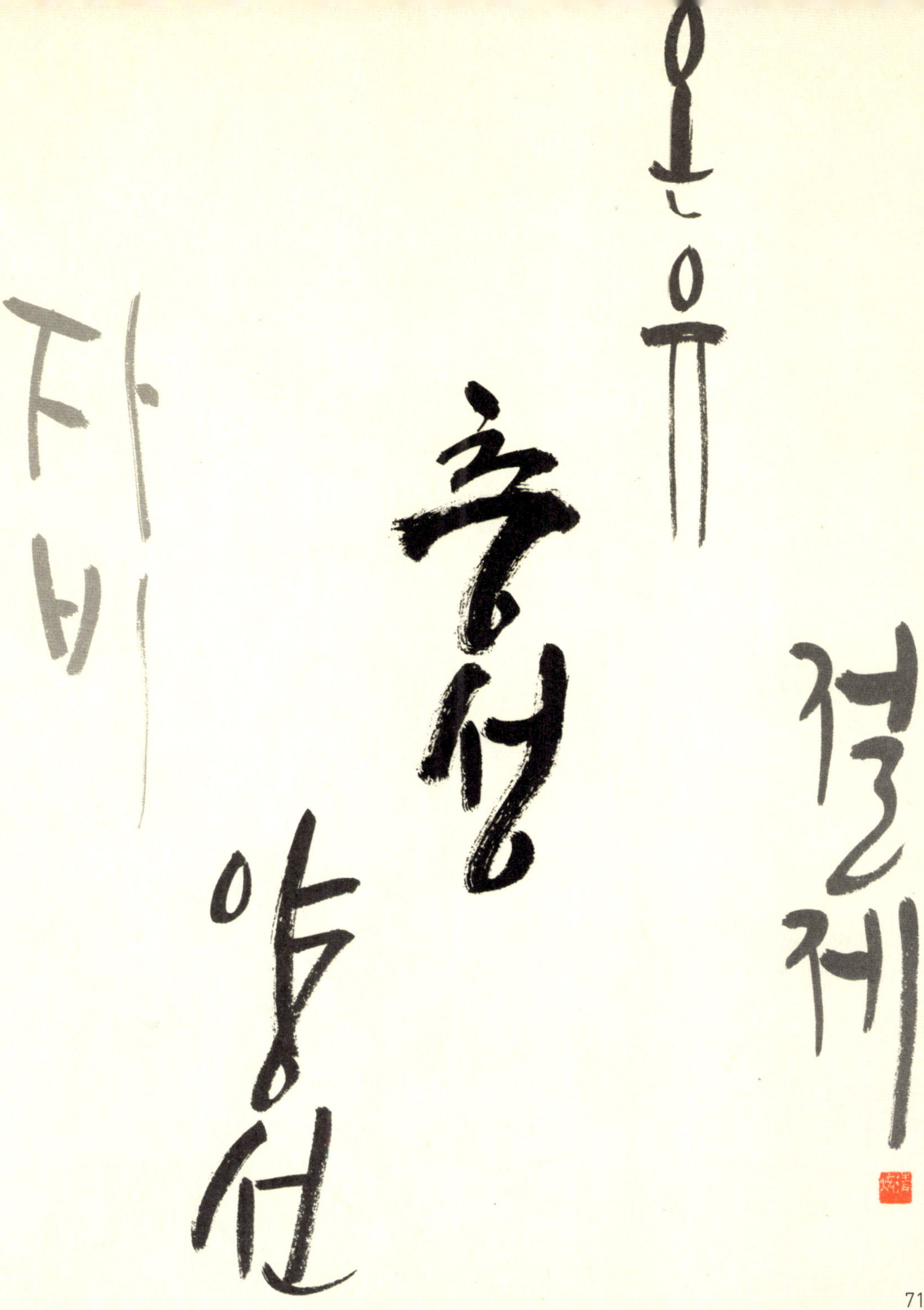
절제
온유
충성
양선
자비

복 있는 사람은 악인들의 꾀를 따르지 아니하며
죄인들의 길에 서지 아니하며 오만한
자들의 자리에 앉지 아니하고 오직 여호와의
율법을 즐거워하여 그의 율법을 주야로 묵상하는도다
시편1:1-2

복 있는 사람은 악인들의 꾀를 따르지 아니하며 죄인들의 길에 서지 아니하며 오만한 자들의 자리에 앉지 아니하고 오직 여호와의 율법을 즐거워하여 그의 율법을 주야로 묵상하는도다 그는 시냇가에 심은 나무가 철을 따라 열매를 맺으며 그 잎사귀가 마르지 아니함 같으니 그가 하는 모든 일이 다 형통하리로다 [시편 1:1~3]

그러므로 우리가 그의 죽으심과 합하여
세례를 받음으로 그와 함께 장사되었나니
이는 아버지의 영광으로 말미암아 그리스도를
죽은 자 가운데서 살리심과 같이 우리로 또한
새 생명 가운데서 행하게 하려 함이라
만일 우리가 그의 죽으심과 같은 모양으로
연합한 자가 되었으면 또한 그의 부활과
같은 모양으로 연합한 자도 되리라

[로마서 6:4~5]

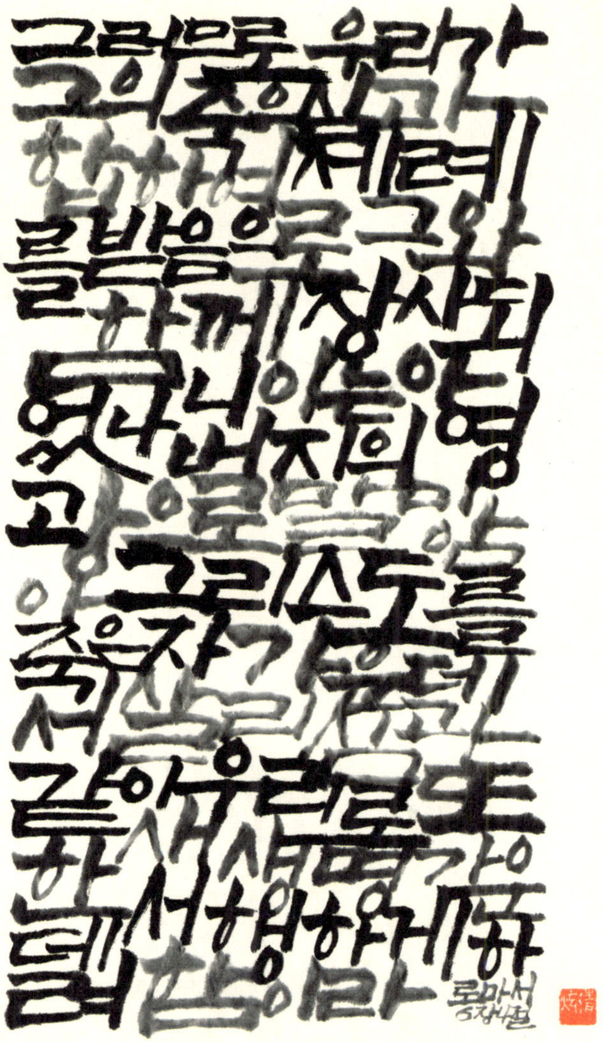
로마서
6장 4절

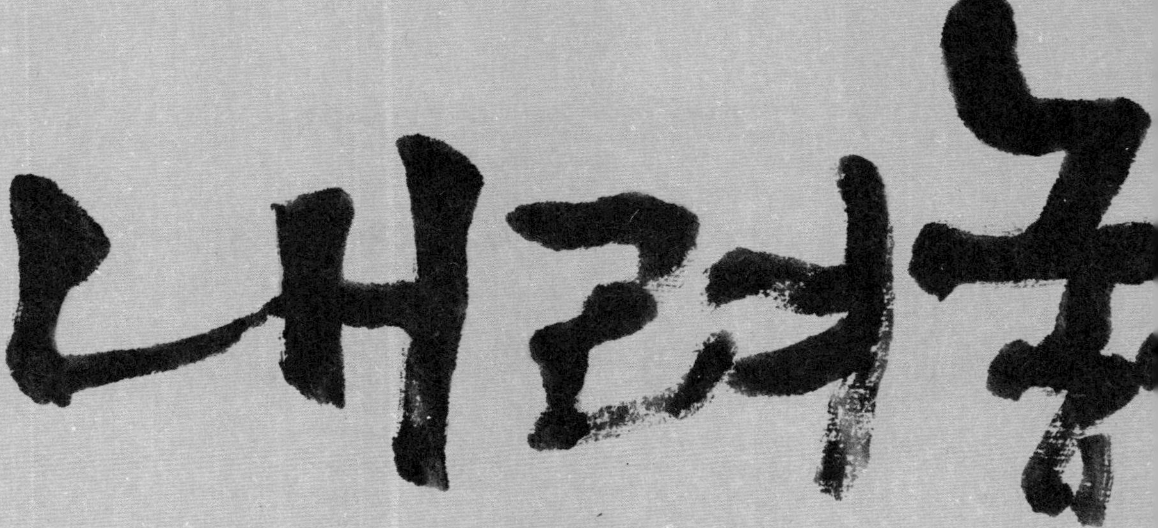

겸손한자는 먹고 배부를 것이며
여호와를 찾는자는 그를 찬송할 것이라
너희 마음은 영원히 살지어다
시편22:26

靑年이 무엇으로 그의 행실을
깨끗하게 하리이까
주의 말씀만 지킬 따름이니이다
내가 주께 범죄하지
아니하려 하여 주의 말씀을
내 마음에 두었나이다

시편 119:9,11

청년이 무엇으로 그의 행실을 깨끗하게 하리이까
주의 말씀만 지킬 따름이니이다 내가 전심으로
주를 찾았사오니 주의 계명에서 떠나지 말게 하소서
내가 주께 범죄하지 아니하려 하여 주의 말씀을 내
마음에 두었나이다 [시편 119:9~11]

여호와의 말씀은
정직하며 그가
행하시는 일은 다
진실하시도다

시편 33:4

여호와의 말씀은 정직하며
그가 행하시는 일은 다 진실하시도다
그는 공의와 정의를 사랑하심이여
세상에는 여호와의 인자하심이 충만하도다

[시편 33:4~5]

예수님처럼 살아가게 하소서

아멘

은혜

하나님의 풍성한 은혜에 들어감을 얻고

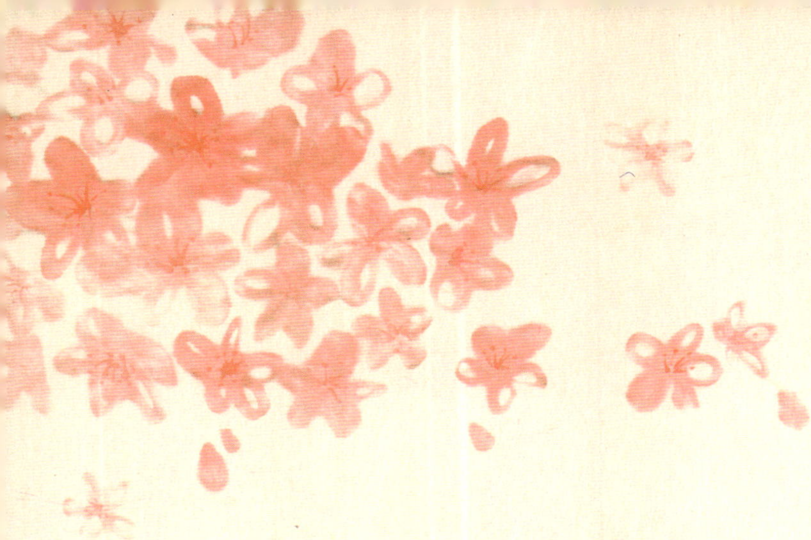

십자가 지었네

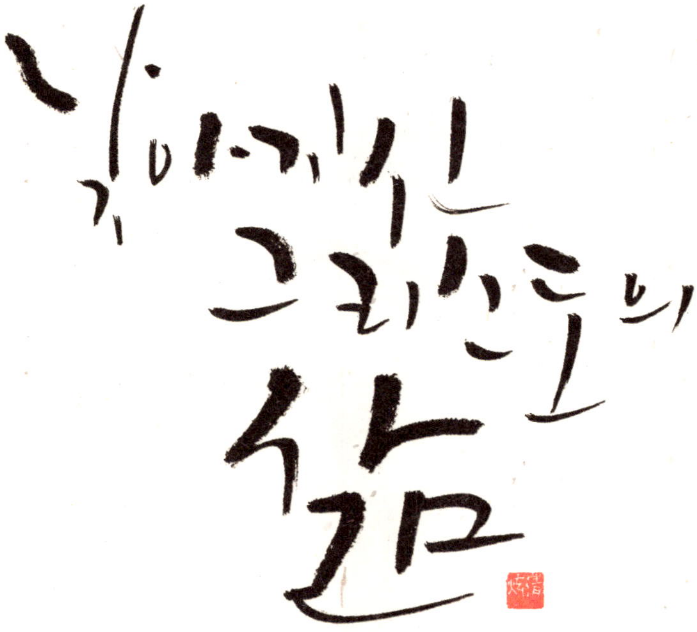

하나님이 우리를 구원하사 거룩하신
소명으로 부르심은 우리의 행위대로
하심이 아니요 오직 자기의 뜻과
영원 전부터 그리스도 예수 안에서
우리에게 주신 은혜대로 하심이라
이제는 우리 구주 그리스도 예수의
나타나심으로 말미암아 나타났으니
그는 사망을 폐하시고 복음으로써
생명과 썩지 아니할 것을 드러내신지라

[디모데후서 1:9~10]

너희가 만일 내가 전한 그 말을 굳게 지키고
헛되이 믿지 아니하였으면 그로 말미암아 구원을 받으리라
내가 받은 것을 먼저 너희에게 전하였노니 이는 성경대로
그리스도께서 우리 죄를 위하여 죽으시고 장사 지낸 바
되셨다가 성경대로 사흘 만에 다시 살아나사

[고린도전서 15:2~4]

부활

그리스도께서우리죄를위하여
죽으시고장사지낸바되셨다가
성경대로사흘만에다시살아
나사 고린도전서 15장 3-4절

보라
새것이 되었

그런즉 누구든지 그리스도 안에 있으면
새로운 피조물이라 이전 것은 지나갔으니
보라 새 것이 되었도다 [고린도후서 5:17]

예수님의 손길

예수께서 손을 내밀어
그에게 대시며 이르시되
내가 원하노니 깨끗함을
받으라 하시니 즉시 그의
나병이 깨끗하여진지라
마태복음 8:3

일어나라 빛을 발하라
이는 네 빛이 이르렀고
여호와의 영광이 네
위에 임하였음이니라
보라 어둠이 땅을
덮을 것이며 캄캄함이
만민을 가리려니와 오직
여호와께서 네 위에
임하실 것이며 그의 영
광이 네 위에 나타나
리니 나라들은 네 빛
으로 왕들은 비치는 네
광명으로 나아오리라
이사야 60:1~3

일어나라 빛을 발하라 이는 네 빛이 이르렀고
여호와의 영광이 네 위에 임하였음이니라
보라 어둠이 땅을 덮을 것이며 캄캄함이 만민을
가리려니와 오직 여호와께서 네 위에 임하실
것이며 그의 영광이 네 위에 나타나리니 나라들은
네 빛으로, 왕들은 비치는 네 광명으로 나아오리라

[이사야 60:1~3]

평강의 하나님이
친히 너희를 온전히
거룩하게 하시고 또
너희의 온 영과 혼과
몸이 우리 주 예수 그리스도께서
강림하실 때에
흠 없게 보전되기를
원하노라

데살로니가전서 5:23

여호와여 주는 나의 방패시요
나의 영광이시요 나의 머리를
드시는자시니이다 내가 나의
목소리로 여호와께 부르짖으니 그의
성산에서 응답하시는도다 내가
누워 자고 깨었으니 여호와께서
나를 붙드심이로다 천만인이 나를
에워싸 진치려하여도 나는
두려워하지 아니하리이다 여호와여
일어나소서 나의 하나님이여
나를 구원하소서 주께서 나의 모든
원수의 뺨을 치시며 악인의 이를
꺾으셨나이다 구원은 여호와께
있사오니 주의 복을 주의 백성에게
내리소서 시편3:3~8

예수께서 대답하여 이르시되 너희가 이 성전을 헐라
내가 사흘 동안에 일으키리라 유대인들이 이르되
이 성전은 사십육 년 동안에 지었거늘 네가 삼 일
동안에 일으키겠느냐 하더라 그러나 예수는
성전된 자기 육체를 가리켜 말씀하신 것이라

[요한복음 2:19~21]

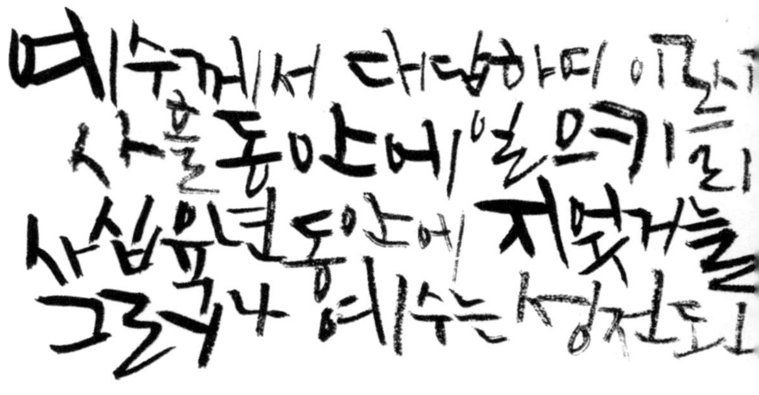

너희가 이 성전을 헐라 내가
유대인들이 이르되 이 성전은
삼일 동안에 일으키겠느냐 하더라
자기 육체를 가리켜 말씀하신 것이라

나는 세상의 빛이니
나를 따르는 자는
어둠에 다니지 아니하고
생명의 빛을
얻으리라

요한복음 8:12

예수께서 또 말씀하여 이르시되 나는 세상의 빛이니 나를
따르는 자는 어둠에 다니지 아니하고 생명의 빛을 얻으리라
바리새인들이 이르되 네가 너를 위하여 증언하니 네 증언은
참되지 아니하도다 예수께서 대답하여 이르시되 내가 나를
위하여 증언하여도 내 증언이 참되니 나는 내가 어디서 오며
어디로 가는 것을 알거니와 너희는 내가 어디서 오며
어디로 가는 것을 알지 못하느니라 너희는 육체를 따라
판단하나 나는 아무도 판단하지 아니하노라

[요한복음 8:12~15]

주께서 나의 슬픔이 변하여 내게
춤이 되게 하시며 나의 베옷을 벗기고
기쁨으로 띠 띠우셨나이다
이는 잠잠하지 아니하고 내 영광으로 주를
찬송하게 하심이니 여호와 나의 하나님이여
내가 주께 영원히 감사하리이다

[시편 30:11~12]

늘

이는 잠잠하지 아니하고
내 영광으로 주를
찬송하게 하심이니
여호와 나의 하나님이여
내가 주께 영원히
감사하리이다

시편 30:12

모 든 것 위에 사랑을 더하라

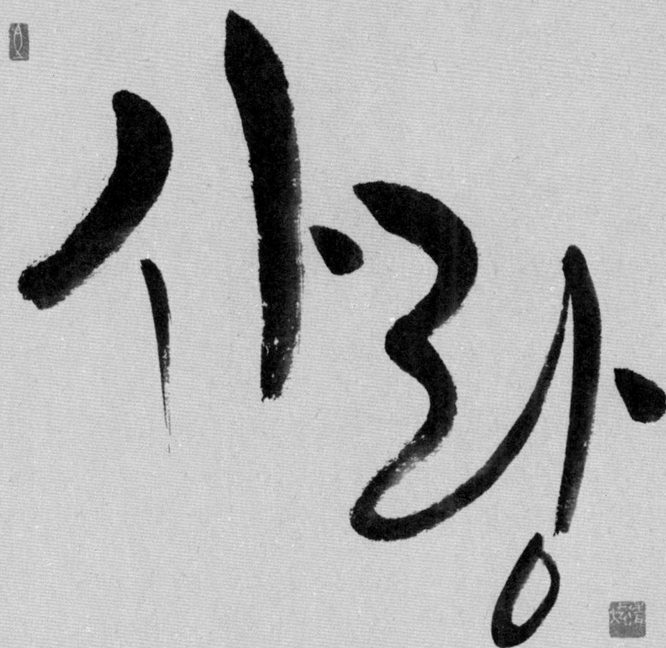
사랑

우리가 아직 죄인 되었을 때에 그리스도께서 우리를 위하여
죽으심으로 하나님께서 우리에 대한 자기의 사랑을 확증하셨느니라
그러면 이제 우리가 그의 피로 말미암아 의롭다 하심을 받았으니
더욱 그로 말미암아 진노하심에서 구원을 받을 것이니
곧 우리가 원수 되었을 때에 그의 아들의 죽으심으로 말미암아
하나님과 화목하게 되었은즉 화목하게 된 자로서는 더욱 그의
살아나심으로 말미암아 구원을 받을 것이니라 [로마서 5:8~10]

우리가 아직 죄인 되었을 때에
그리스도께서 우리를 위하여
죽으심으로 하나님께서
우리에 대한 자기의 사랑을
확증하셨느니라 로마서 5:8

하나님이 우리를 사랑하시는 사랑을
우리가 알고 믿었노니 하나님은
사랑이시라 사랑 안에 거하는 자는
하나님 안에 거하고 하나님도
그의 안에 거하시느니라

요한1서 4:16

사랑

그러므로 너희가 더욱 힘써 너희 믿음에 덕을
덕에 지식을 지식에 절제를 절제에 인내를
인내에 경건을 경건에 형제우애를 형제우애에

사랑을 더하라

베드로후서 1:5-7

내 안에 거하라 나도 너희 안에 거하리라
가지가 포도나무에 붙어 있지 아니하면
스스로 열매를 맺을 수 없음 같이
너희도 내 안에 있지 아니하면 그러하리라
나는 포도나무요 너희는 가지라
그가 내 안에, 내가 그 안에 거하면
사람이 열매를 많이 맺나니
나를 떠나서는 너희가 아무 것도 할 수 없음이라

[요한복음 15:4~5]

나는
포도나무요
너는
가지라

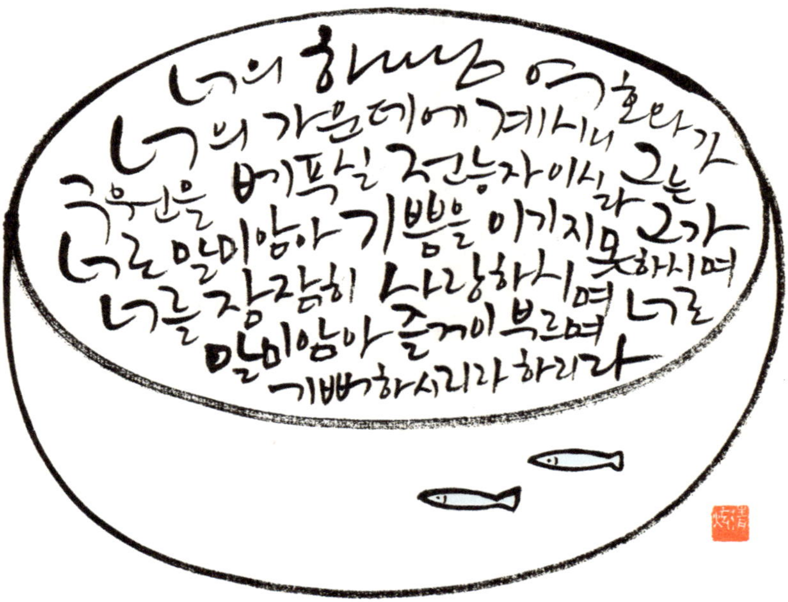
너의 하나님 여호와가
너의 가운데에 계시니
구원을 베푸실 전능자이시라 그는
너로 말미암아 기쁨을 이기지 못하시며 그가
너를 잠잠히 사랑하시며 너로
말미암아 즐거이 부르며
기뻐하시리라 하리라

너의 하나님 여호와가 너의 가운데에 계시니 그는 구원을 베푸실 전능자이시라
그가 너로 말미암아 기쁨을 이기지 못하시며 너를 잠잠히 사랑하시며 너로
말미암아 즐거이 부르며 기뻐하시리라 하리라 [스바냐 3:17]

이 모든 것 위에 사랑을 더하라
이는 온전하게 매는 띠니라
그리스도의 평강이 너희 마음을 주장하게 하라
너희는 평강을 위하여 한 몸으로 부르심을
받았나니 너희는 또한 감사하는 자가 되라
그리스도의 말씀이 너희 속에 풍성히 거하여
모든 지혜로 피차 가르치며 권면하고
시와 찬송과 신령한 노래를 부르며
감사하는 마음으로 하나님을 찬양하고
또 무엇을 하든지 말에나 일에나 다
주 예수의 이름으로 하고 그를 힘입어
하나님 아버지께 감사하라 [골로새서 3:14~17]

이 모든 것 위에
사랑을 더하라
이는 온전하게
매는 띠니라.

골로새서 3:14

은혜와 긍휼과 평강이 하나님 아버지와
아버지의 아들 예수 그리스도께로부터 진리와
사랑 가운데서 우리와 함께 있으리라

요한2서 1:3

은혜와 긍휼과 평강이 하나님 아버지와 아버지의 아들
예수 그리스도께로부터 진리와 사랑 가운데서 우리와 함께 있으리라
너의 자녀들 중에 우리가 아버지께 받은 계명대로 진리를 행하는
자를 내가 보니 심히 기쁘도다 [요한2서 1:3~4]

아버지께서 나를 사랑하신 것 같이

나도 너희를 사랑하였으니

나의 사랑 안에 거하라

[요한복음 15:9]

하나님은
사랑이시라

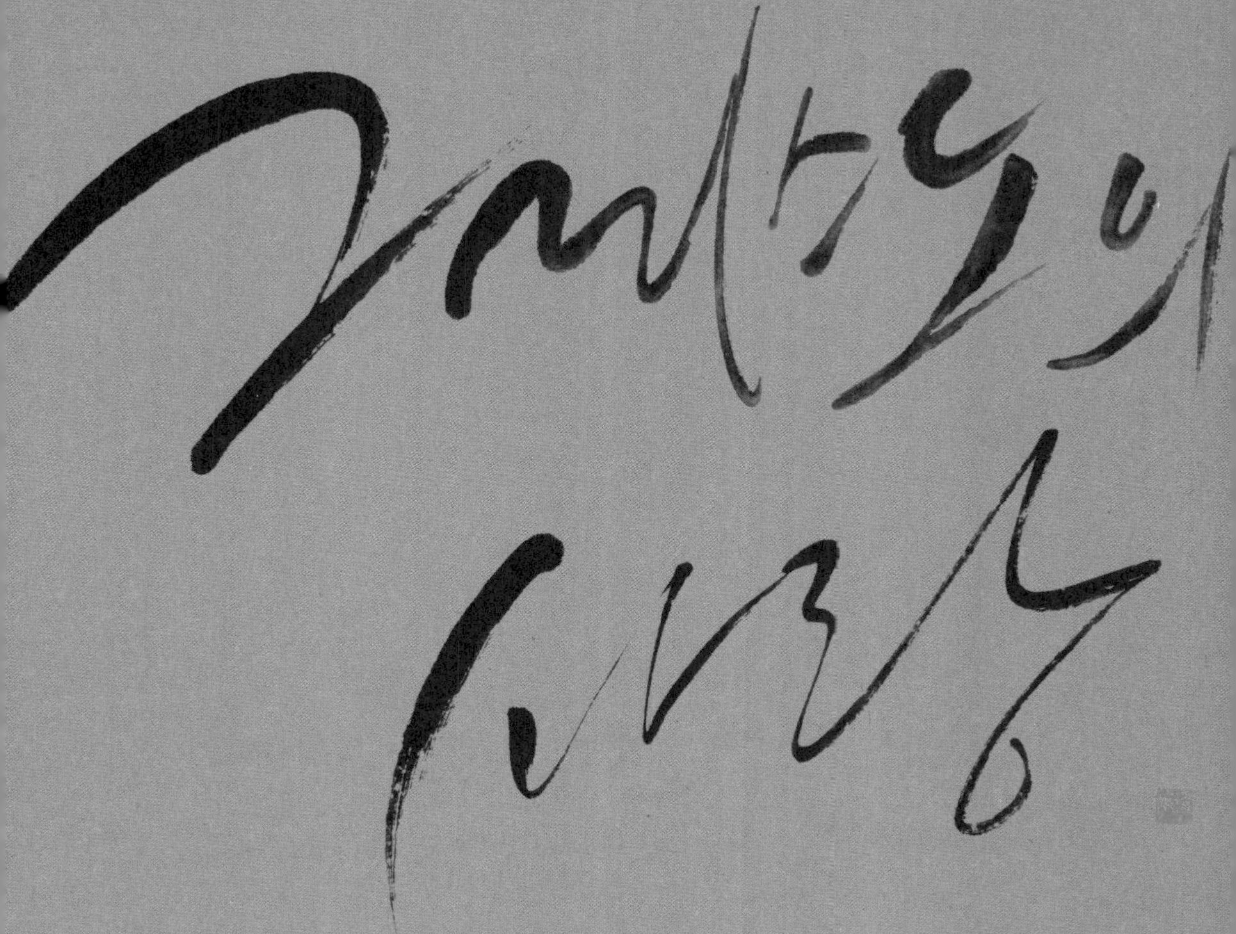

나를 사랑하는 자들이
나의 사랑을 입으며
나를 간절히 찾는 자가
나를 만날 것이니라

잠언 8:17

나를 사랑하는 자들이 나의 사랑을 입으며

나를 간절히 찾는 자가 나를 만날 것이니라

부귀가 내게 있고 장구한 재물과 공의도 그러하니라

내 열매는 금이나 정금보다 나으며 내 소득은 순은보다 나으니라

나는 정의로운 길로 행하며 공의로운 길 가운데로 다니나니 이는

나를 사랑하는 자가 재물을 얻어서 그 곳간에 채우게 하려 함이니라

[잠언 8:17~21]

청현재이 작품

소고 치며 춤추어 찬양하며
현악과 퉁소로
찬양할지어다

시편 150:4

성령의
열매는
사랑과
희락과
화평과
오래참음과
자비와 양
선과
충성과
온유와
절제니
이같은것
을 금지할
법이 없느
니라

갈라디아서
5:22~23

청현

내가 너와 함께 있어 네가 어디로
가든지 너를 지키며 너를 이끌어
이 땅으로 돌아오게 할지라
내가 네게 허락한 것을 다
이루기까지 너를 떠나지 아니하리라

창세기 28:15

한사람이
두주인을
섬기지못
하리니

대개 나라와 권세와
영광이 아버지께
영원히 있사옵나이다 아멘
이천십이년 십이월
청현씀

청현재이 캘리그라피 묵상집

캘리그라피, 말씀으로 물들다

초판 펴낸 날 2013년 01월 02일

지은이 임동규
펴낸이 임동규
펴낸곳 도서출판 섬김과나눔
등록 2012.12.06 제25100-2012-000089호
주소 서울시 구로구 구로동 197-5 삼성IT밸리 313호
전화 02) 591-0346
팩스 02) 6280-6199
이메일 help@sgnn.co.kr
홈페이지 www.sgnn.co.kr / 청현재이 cafe.naver.com/cheunghyun

ISBN 978-89-98532-00-0